ÉLOGE

DE

M. GABRIEL JOURDAN,

ANCIEN MEMBRE DE L'ACADÉMIE DE MARSEILLE.

ÉLOGE
DE
M. GABRIEL JOURDAN
Ancien Membre de l'Académie de Marseille.

DISCOURS

DE RÉCEPTION

À L'ACADÉMIE IMPÉRIALE DE MARSEILLE

PRONONCÉ EN SÉANCE PUBLIQUE

Le 7 Juillet 1861

PAR

Louis BLANCARD

ANCIEN ÉLÈVE DE L'ÉCOLE IMPÉRIALE DE CHARTES

Archiviste du département des Bouches-du-Rhône.

MARSEILLE

IMPRIMERIE ET LITHOGRAPHIE DE JULES BARILE
Rue Paradis, 13.

1861.

ÉLOGE DE M. GABRIEL JOURDAN.

DISCOURS DE RÉCEPTION

à l'Académie de Marseille.

Messieurs,

Un membre de cette académie, érudit, jurisconsulte et littérateur, a été mon maître dans la science archéologique. J'en ai reçu de lui les éléments. Le premier il m'a appris à déchiffrer le gothique des vieux manuscrits et à connaître le moyen-âge par ses livres. J'ai suivi ses inspirations en choisissant ma carrière, et cet honneur d'être votre collègue, je ne le devrais pas à votre bienveillance excessive, si je n'avais obéi aux conseils et à l'exemple de cet académicien.

Or, je viens vous entretenir de lui, Messieurs, et faire de mes premières paroles dans cette enceinte l'expression de mes sentiments d'estime pour le caractère, de respect pour les malheurs et d'admiration pour les travaux de votre confrère regrettable, M. Gabriel Jourdan.

Ce nom, oublié peut-être, mais puisé dans votre propre histoire, ne vous laissera pas indifférents, et vous voudrez bien voir, dans le choix du sujet de ce discours, le désir :

D'abord, de vous prouver ma gratitude en réveillant des souvenirs chers au cœur de l'Académie, et en second lieu, de faire excuser la faveur, trop au dessus de mon mérite, de m'asseoir et de vivre parmi vous, en la deversant sur une mémoire digne de sympathies et de louanges.

Il est des esprits d'élite, adorateurs de la retraite et du silence. Ils voient dans le travail, non pas un moyen de parvenir, mais leur plaisir ou leur devoir. La gloire arrive parfois à leurs œuvres, mais son éclat perce rarement l'obscurité de leur nom. Ils meurent inconnus, après s'être ensevelis vivants dans leurs labeurs de chaque jour, objet de leur affection intelligente.

Ainsi fesaient les moines du moyen-âge et après eux les bénédictins, ces érudits sublimes; ainsi a fait M. Gabriel Jourdan pendant les trente dernières années de sa vie. Durant ce temps, ses plaisirs, ses distractions, ses spectacles, ses travaux, il ne les a pas demandés à la société, mais à la solitude et à la littérature et en particulier aux chefs-d'œuvre des latins avec leur style imagé ou concis, leurs pensées philosophiques et leurs horizons religieux.

Il aimait Virgile comme la moitié de lui-même, Horace avec l'amour d'un Pison. Les vers de Tibulle, de Catulle et de Properce rafraichissaient sa vieillesse. Martial et Pétrone lui donnaient l'âge des vices et le portaient à l'indulgence envers notre époque. Sénèque lui conseillait de ne pas se préoccuper de vivre, mais de remplir sa vie (1); et fidèle à cette maxime, il se livrait avec passion

---

(1) Non ut diu vivamus curandum est, sed ut satis.   Sen. Ep. 93.

à l'étude de ses auteurs favoris. Il ne voyait rien au delà du plaisir de les cultiver, et seul avec ces morts illustres, il les ranimait sous ses regards brûlants, il leur redonnait l'âme et la vie, il conversait avec eux et sacrifiait à cette jouissance de tous les jours sa part au soleil et au monde !

Passion immense et constante, si on vous sculptait dans le marbre, votre place serait ici, au milieu du sanctuaire académique ! Ici vous trouveriez des adeptes et des admirateurs, des esprits pour vous comprendre, des cœurs à émouvoir et des mains pour vous applaudir et vous exalter !

Ce travail quotidien porta des fruits. Les rares visiteurs du laborieux solitaire peuvent en rendre témoignage. J'ai vu ces nombreux cahiers d'une écriture fine et nette. Ils renfermaient dans un ordre méthodique toutes les notions de théodicée, de morale, de politique, d'histoire, de géographie, de science, de littérature et d'art éparses dans cent ouvrages de poètes et de prosateurs latins.

Les passages des divers auteurs, inspirés par une même pensée, étaient chronologiquement mis en regard les uns des autres. Le mérite original était signalé ; justice était faite d'illustres plagiaires au profit de victimes sacrifiées à l'oubli. C'était une œuvre large et consciencieuse. Elle était promise depuis longtemps à un ami célèbre et par celui-ci, dit-on, à la publicité.

Mais vers ses derniers jours, M. Gabriel Jourdan, en proie au délire, détruisit entièrement ces manuscrits. De cette montagne d'extraits, de comparaisons, de jugements littéraires, de ce labeur de trente ans, il ne resta rien, pas un débris, pas une note.

Heureusement, il n'en a pas été de même du principal titre de notre confrère à l'estime de l'Académie et sans doute un jour au jugement favorable de la postérité, car le *Recueil des Antiquités maritimes* survit à son auteur.

Aucune œuvre ne pouvait plus complètement exercer les qualités et mettre à découvert les ressources de cet esprit investigateur, souple, ingénieux, persévérant, capable de saisir les moindres nuances, habile à l'analyse, aiguillonné par les difficultés et à la fois, d'une audace et d'une patience invincibles.

Il ne demeura pas au-dessous ni en arrière de sa tâche.

En 1849, un professeur de droit commercial, déjà connu par un traité devenu classique (1), M. Pardessus, s'adressait à M. Gabriel Jourdan, étranger à cette époque, sinon aux principes, du moins à la pratique de toute science et lui demandait son concours dans une entreprise de pure philologie. Il s'agissait de déterminer la langue d'un Code du moyen-âge : le *Consulat de la mer*. Notre compatriote se livra à ce travail au milieu de ses occupations de commerce et de ses soucis de comptoir.

Bientôt un Dieu hostile lui fit des loisirs. M. Jourdan perdit sa fortune et dès ce jour, le commerçant disparut et l'amateur de linguistique, préoccupé d'affaires, devint un travailleur de tous les instants, un homme dévoué sans réserve au culte de l'intelligence.

Alors le *Consulat de la mer* ne fut plus un passe-temps, une distraction, mais l'objet d'une étude approfondie et sérieuse. Il y consacra ses journées et ses veilles. Les traductions et les commentaires de cette œuvre, si difficile à comprendre, étaient défectueux

---

(1) *Traité des servitudes*.

et ne pouvaient le guider dans ses recherches. Ils les abandonna.
Il lui fallait d'autres lumières pour bien saisir le sens de mots spéciaux et ignorés de tout dictionnaire et de toute langue. Il ne dédaigna pas d'aller les demander aux seuls hommes capables de les lui fournir. Ses relations avec les philologues les plus renommés de notre pays et notamment avec Raynouard, le secrétaire perpétuel de l'Académie française, l'avaient laissé dans le doute ou l'erreur. Nos vieux pêcheurs marseillais l'en tirèrent. Il fallait voir le jeune savant assis à côté de leurs barques ou à leur table et les écoutant avec attention, et ces pauvres bons vieillards cherchant pour lui une étincelle sous la cendre de leurs souvenirs. Des mois entiers se sont passés dans ces visites bien monotones, bien rarement fructueuses, inspirées surtout par un amour excessif de la vérité.

Mais après, le *Consulat* était compris ; tous les secrets en avaient disparu ; tous les voiles étaient tombés. La lettre et l'esprit appartenaient au traducteur.

Ce n'était plus seulement pour lui, *la première source de notre droit commercial*, termes vagues et indéfinis. C'était bien selon l'expression d'un professeur de la Faculté de Paris, M. Bravard, « *la législation du moyen-âge la plus étendue, la plus sage et la plus complète*, » digne d'avoir été, comme l'appelle Casarégis, le *Code universel et inviolable de toutes les nations*, code magnifique, piédestal de la vraie justice et de la grande morale, éclatant démenti donné au progrès moderne en fait de principes législatifs.

Les devoirs et les droits réciproques des capitaines et des matelots, des marchands et des affréteurs, des écrivains et des consuls, y sont tracés d'une main ferme et vigoureuse, aucune ligne n'est laissée dans l'ombre ; et si un esprit habitué à la précision et à la sécheresse de nos codes, trouve diffus et prolixe le style du *Consulat*, le moraliste et le littérateur sont satisfaits de voir la loi couronnée de fleurs littéraires et assise sur des considérations d'une équité presque idéale.

Notre honorable confrère ne se contenta pas de traduire exactement le consulat ; il l'enrichit de notes considérables et d'une exquise érudition ; il fit un lexique de tous les mots contenus dans cet ouvrage et les accompagna de leurs équivalents latins, français, espagnols et italiens. Enfin, il mit le sceau à son œuvre en la synthétisant dans un travail remarquable sous le titre d'*Esprit du Consulat*.

M. Jourdan étudiait et traduisait concurremment les lois Rhodiennes, les dispositions maritimes des Instituts et du Digeste, les statuts de Marseille, les jugements d'Oléron et les lois de Wisby dans l'île de Gothland (Baltique).

En 1821, le *Recueil des antiquités maritimes* était tout à fait terminé et le *Journal de Marseille*, du 18 juillet, annonçait sa prochaine publication.

Le projet sourit à un jurisconsulte célèbre, et dès le 29 juillet il proposa à M. Gabriel Jourdan, une association de frais et de peines, de profits et d'honneur. L'État devait être intéressé dans l'entreprise.

Mais écrivait le correspondant parisien :

« *Il faut mettre le ministre à même de juger notre œuvre.*
» *Les échantillons à présenter, sont naturellement le discours*
» *préliminaire dont je me chargerai et la traduction du Con-*

» sulat par M. Jourdan. Le sens de la collection serait suf-
» fisamment jugé par ces deux pièces ; je ferai connaître au
» ministre l'utilité de l'ouvrage, la part que je prends au
» travail, l'estime et la confiance que mérite celui de M.
» Jourdan. »

C'en était fait. Notre confrère touchait à la célébrité. Il avait eu l'idée première d'une collection des lois maritimes, il l'avait mise à exécution avec ses seules forces. M. Pardessus tenait à honneur d'apporter le couronnement à l'édifice ; il prêtait au savant modeste l'appui de son crédit auprès du roi et des ministres ; il prenait en main le gouvernail d'une barque inconnue et la conduisait au port de la renommée.

Comment douter de la fortune d'un homme si protégé et si digne de l'être par ses amis et par ses œuvres ? Son travail est un monument : Il le sait, ses amis le proclament, le ministre l'avoue. C'est un travail national, immense !

« *Il n'y a donc que le gouvernement qui puisse l'imprimer*, écrivait-on à la date du 17 novembre, « *le ministre de l'intérieur en est convaincu.* »

Oui, vous réussirez, mon vieil ami, car on vous aime en haut lieu. Ecoutez plutôt ces sentiments de l'éminent jurisconsulte, à la même date :

« *Vous pouvez croire que mon amitié égale mon estime*
» *pour vous.* »

Bien plus, il veut vous donner un témoignage de pareils sentiments, et, il s'écrie en finissant sa lettre, à propos de la publication projetée des lois modernes d'Europe :

« *Vous serez, n'en doutez pas, la première personne, après le Roi, à qui j'en offrirai un exemplaire.*

« Il est temps d'ouvrir votre cœur à la joie, de faire partager à vos amis vos espérances, ou plutôt votre certitude de réussir. L'Académie vous ouvre ses portes (1). Elle sera fière et heureuse d'avoir part à vos succès ! »

Hélas, Messieurs, la gloire ne vint pas, car les *Antiquités* de M. Jourdan ne furent pas imprimées, et en 1827 et 1829 parurent les deux premiers tomes de la *Collection des lois maritimes*, publiés aux frais de l'État. La traduction du *Consulat*, vainement demandée à M. Raynouard, puis confiée à M. Llobet, remplissait le deuxième volume.

Notre confrère, frappé au cœur par ce nouveau coup du sort, se retira du monde et de l'Académie. Le monde et l'Académie l'oublièrent. Il s'exila dans Rome antique. Son isolement devint bientôt profond et peu à peu sa misère excessive. Mais le calme du cœur et la tranquillité de l'esprit ne l'abandonnèrent jamais. Il les puisait dans sa foi religieuse et dans la culture incessante des belles-lettres.

Je l'ai connu durant cette dernière période de sa vie. Sa conversation était séduisante et gaie ; son érudition, inépuisable. Il aimait à jeter un regard en arrière, à parler de son passé, mais sans rancune et sans trouble. Un an avant sa mort, les habitants d'une commune (2), jadis administrée par lui, apprirent son dénûment et accoururent lui offrir leurs services.

(1) Le 2 mai 1824.
(2) Les Pennes.

Cette démarche spontanée et généreuse de toute une population parut le réconcilier avec la société et adoucit singulièrement les peines de son cœur à ses derniers jours.

Il mourut (1) comme il avait vécu et travaillé pendant trente ans, au milieu de ses livres, son seul bien terrestre, et en face d'une croix, relique précieuse et vénérée, legs pieux de famille. Là est toute l'explication d'une existence si douce et si résignée après tant de chagrins et de secousses.

La vie avait été pour lui la solitude dans le travail. La mort fut le repos dans la solitude. Quelques ouvriers entouraient le cercueil. On m'expliqua leur présence. Privé de tout, M. Jourdan trouvait encore un moyen de faire le bien. Il était l'avocat gratuit des pauvres, et ces pauvres étaient venus lui porter un dernier tribut de reconnaissance.

J'avais toujours vu en lui un de vos confrères. Je vous connaissais par lui, je vous aimais par lui.

Si ces accents de mon cœur, Messieurs, lui rendaient un pareil service auprès de vous, je serais autorisé à vous remercier doublement d'avoir bien voulu me faire l'honneur de m'admettre dans les rangs de l'Académie.

---

(1) Le 30 Janvier 1859, à l'âge de 74 ans.

www.ingramcontent.com/pod-product-compliance
Lightning Source LLC
Chambersburg PA
CBHW070439080426
42450CB00031B/2734